PARIS FORTIFIÉ,

OU

L'AVENIR DE LA GRANDE VILLE;

OPINION

D'UN PATRIOTE CHRÉTIEN

(MAI 1841.)

Ponite cor vestrum in mœnibus ejus. Quoniam ecce
reges terræ congregati sunt, convenerunt in unum.
Deus in domibus hujus (urbis) cognoscetur, cum
suscipiet eam.

Psalm. 47, versic. 4, 5, 4.

Gloriosa dicta sunt de te, civitas Dei. Propter
domum Domini dei nostri, quæsivi bona tibi.
Psalm. 86, vers. 3; id. 121, vers. 9.

PARIS.

OLIVIER-FULGENCE, RUE CASSETTE, 8.

1841.

PARIS FORTIFIÉ.

(MAI 1841.)

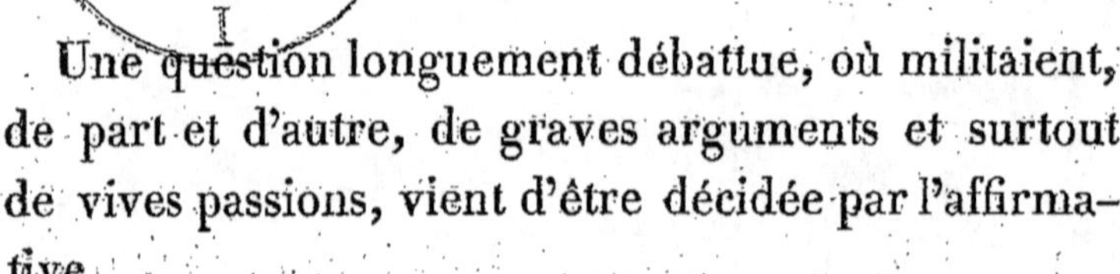

Une question longuement débattue, où militaient,
de part et d'autre, de graves arguments et surtout
de vives passions, vient d'être décidée par l'affirma-
tive.

Jusqu'au dernier moment, l'issue de la lutte avait
pu sembler incertaine. Les adversaires de la défense
de Paris, unis de vœux et d'efforts, quoique animés
d'inspirations bien diverses, ne désespéraient point
du succès. Guidés, les uns, par leur conscience et
par une prudence louable en principe ; les autres,
par un esprit d'antagonisme, soit politique, soit sim-
plement parlementaire ; d'autres, enfin, par des sen-
timents d'égoïsme, de paresse ou de peur : tous ils
comptaient sur la Chambre des Pairs, pour un rejet
dont les conséquences devaient avoir une immense
portée.

Mais ce premier corps de l'Etat les a trompés dans
leur attente. A soixante voix de majorité, la loi des

fortifications vient d'y être admise, entière et sans amendements. Paris sera bastionné.

Est-ce un bien ? est-ce un mal ?

Je respecte toutes les convictions sincères ; mais, usant, pour ma part, du droit d'opiner, accordé à tous les Français, j'oserai, sans m'effaroucher du bruit, affirmer et soutenir QUE C'EST UN BIEN.

———

Sortons des préoccupations du moment, perdons de vue nos petites querelles ; embrassons, par notre coup d'œil, les intérêts généraux de la patrie, non pas pour trois ans ni pour six, mais pour cent, pour deux cents années. Volontairement éclairés, comme on l'est par la retraite, qui élargit et coordonne les idées, ou comme on le devient par la religion, qui donne le calme au sein de la vie active et la rectitude au milieu des altercations du monde, élevons-nous à la justice et à la justesse : il nous deviendra facile de partager la manière de voir du Sage dont s'honore Nancy (1).

Les partis les plus opposés s'accordent, je le sais, à tout peindre en noir, et l'on nous prodigue à l'envi les prédictions effrayantes. Danger pour le Pouvoir, s'écrient les conservateurs ; danger pour la liberté,

(1) Le lieutenant-général comte Drouot.

s'écrient les zélateurs du Mouvement. — A travers cette double clameur, dont nos oreilles sont assourdies, j'entends le bon sens dire à demi-voix que deux reproches contradictoires se détruisent au lieu de s'étayer.

Eh! de grâce, concitoyens, enfants de la France, défions-nous un peu moins les uns des autres ; défions-nous un peu plus de l'Etranger.

Comment se fait aujourd'hui la grande guerre? Par masses d'hommes portées sur un seul point. On ne procède plus pied à pied et par conquêtes successives. Traversant à la hâte les provinces, sans se donner la peine de les soumettre, on réunit ses corps d'armée, et l'on court droit aux capitales pour tâcher de gagner la partie en un seul coup.

Or, si vous exceptez l'Angleterre (qui ne craint point qu'avec des ponts à la Xercès on puisse jeter chez elle des centaines de milliers de soldats), il n'y a pas une seule puissance, j'entends du premier ordre, dont la capitale soit aussi exposée que la nôtre ; dont le foyer de vie soit ainsi placé à cinquante ou soixante lieues du point de départ de ses ennemis.

Et quelle capitale, encore ! Celle de toutes, en Europe, dont la possession est la plus décisive pour l'acquiescement muet du pays.

Est-ce donc que l'on oublie notre excessive centra-

lisation ? Non , puisque, dans la discussion même qui
nous occupe, on en a fait un épouvantail. — Certes
on a grande raison d'en maudire les abus , et ce n'est
pas l'auteur de cet article qui voudra venir à l'encon-
tre , lui qui s'est associé, quand il l'a fallu , non pas à
des phrases seulement, mais a des actes, mais à de gi-
gantesques efforts de deux années, pour essayer d'en
atténuer l'un des plus cruels et des plus stupides effets : le bannissement de l'intelligence et de l'écono-
mie du sein des établissements de bienfaisance. —
Mais ce vieux mal, devenu le vice dominant de notre
époque, la loi nouvelle l'augmentera-t-elle beaucoup?
Point , car il est parvenu à son comble. Caressé
comme projet par Philippe-le-Bel ; commencé sé-
rieusement par Louis XI ; continué par Richelieu ,
poursuivi par Louis XIV ; favorisé par 89, étendu par
93 ; affermi par Napoléon ; perfectionné encore depuis, par l'infatigable accaparement des bureaux mi-
nistériels, à qui les Chambres n'ont jamais eu le cou-
rage de savoir donner tort une fois jusqu'au bout (1) :
l'édifice de l'unitarisme administratif en est arrivé à
un point d'exagération au delà duquel on ne peut
plus rien concevoir. A ce despotisme central, œuvre
des siècles et fléau dont notre patrie a le funeste pri-

_____

(1) Pas même dans l'occasion précieuse , unique , admirable , qui
s'est présentée en 1839 et 1840, lors de la requête de Nancy ; quand
les préfets réclamaient eux-mêmes ! quand trente villes étaient d'accord ! quand il s'agissait du plus sacré et du moins discutable des intérêts , *de la vie des pauvres !*

vilége, la fortification tant blâmée n'ajoutera rien. Elle en fera même disparaître l'un des périls les plus fâcheux; car, prêtant du moins appui au principe national, elle nous garantira l'indépendance, à défaut de la liberté. Esclaves de manière ou d'autre, les provinces pourraient-elles balancer sur le choix? Il vaut un peu mieux, à coup sûr, avoir pour maîtres les Parisiens... que les Russes campés dans Paris.

Voyons les choses comme elles sont, et sans nous faire illusion.

Que faut-il, dans l'état présent, pour opérer la conquête et la soumission de la France? — Tant qu'on reste hors de Paris, six-cent mille hommes ou davantage. Quand on est entré dans Paris, quinze hommes.

— Eh quoi, quinze hommes! — Oui vraiment. Les quinze courriers de la malle.

Qu'un beau jour, en partant à six heures, ils mettent à leur chapeau des cocardes jaunes..., et la cocarde jaune sera prise de tout le monde sur leur passage. Qu'ils partent le lendemain avec des cocardes violettes..., et le violet sera partout arboré — C'est triste à dire, j'en conviens, mais c'est impossible à nier.

Or, quand une nation en est là, et quand ses citoyens ont pris l'habitude d'obéir sans conteste à quiconque s'empare de son hôtel des postes.., force est pour elle de placer A TOUT PRIX son hôtel des postes derrière une escarpe et une contre-escarpe.

Et puisqu'il le faut, il faut aussi qu'elle le fasse largement et sans rien épargner : les demi-mesures sont toujours de faux calculs, aussi contraires à l'intérêt d'un peuple qu'à sa gloire (1). Pour utiliser, pour transformer en héroïsme la turbulente activité de l'Émeute, donnons-lui à défendre, contre l'Europe, des remparts sérieux et solides, propres à soutenir une guerre régulière, où l'ordre puisse se joindre à l'enthousiasme. Fortifier Paris à moitié, n'était pas digne de nous ; que dis-je ? n'était pas même prudent ; car on exposait ainsi la capitale de la civilisation à devenir un champ de bataille. — Semblable ville demande tout ou rien. Pour la protéger et non la compromettre, il faut l'entourer en entier d'une double ceinture de feux.

— Ne pourrait-on pas (disent d'honnêtes gens,

______

(1) Loin de nier que la mesure soit chère, je crois que l'on n'a pas du tout avoué ce qu'elle coûtera. On a dressé un devis modeste, apparemment pour dorer la pilule aux gens économes ; mais, avec les travaux hydrauliques à faire, les mines à creuser, les vastes magasins casematés à construire, ce n'est pas trop que de s'attendre à dépenser cent millions au delà de ce que porte l'annonce. Malgré cela, et quand on y regarde sans passion, il est aisé de voir que la chose est encore avantageuse. Dût-elle monter à trois cents millions, allât-elle même jusqu'au demi-milliard, une seule année d'occupation du pays par l'ennemi COUTERAIT DÉJA TOUT AUTANT ; sans compter la honte de plus et les charges ultérieures.

que rien n'oblige à être connaisseurs), remplacer cet énergique moyen par la construction d'un nouveau cercle de places ? — Assurément non. Eh ! bon Dieu, nous n'en avons déjà que trop, de ces chétives forteresses, que l'Ennemi, dans ses invasions, laisse de côté sans en prendre souci, et où il nous faut jeter, pour garnison, des régiments de qui l'absence appauvrit notre armée mobile. Conclure de l'utilité de quatre ou cinq grandes places de guerre, qu'il serait bon d'en posséder des centaines.., c'est imiter ce personnage, de la comédie des *Fâcheux*, qui proposait de mettre toutes les côtes du royaume en ports de mer.

— Vous comptez donc sur Paris seul, réplique maint opposant; vous dédaignez le secours des départements. — Erreur énorme ! c'est précisément le contraire. Les efforts des provinces, toujours paralysés parce que le siége du Gouvernement était trop vite envahi, aboutiront à quelque chose lorsqu'ils auront le temps de se produire. On sentira l'utilité des membres, quand la tête ne commencera point par faillir.

— Mais Paris même pourra se trouver réduit à capituler.—A la rigueur, soit. Dans ce cas affligeant, nous retomberions à peu près au même point où nous en sommes aujourd'hui. En revanche aussi, cette grande ville peut à merveille n'être pas prise; et, comme d'abord nous en serons nantis, la chance est en notre faveur, puisque les lignes de résistance de Paris nous permettront de livrer, entre la frontière et les Tuileries, deux batailles au lieu d'une seule. D'ailleurs, avec ce genre d'objections, il n'y a rien qui ne fût nuisible et à quoi il ne convînt de renoncer. Toulon est bien tombé quelque temps au pouvoir de l'Étranger : faut-il en conclure que notre patrie aurait avantage à la non-existence des arsenaux et des forts de Toulon ?

— Mais l'entreprise est colossale. — Tant mieux. La France, comme on l'a dit fort bien, est un pays qui s'ennuie; qui s'ennuie, faute d'un emploi suffisant pour ses forces imaginatives. Or, dans sa position présente, on ne voit pas quelles grandes choses elle pourrait opérer chez autrui : son bonheur vient lui en offrir une à exécuter sans sortir de chez elle. Pourquoi n'aimerait-elle pas à empreindre de vigueur et de majesté la phase défensive de ses annales, qui va peut-être durer longtemps ? Son arc de triomphe est fini, son belliqueux empereur vient d'y passer avec les pompes du tombeau. Qu'elle se bâtisse maintenant une muraille de la Chine.

Laissons donc crier ces journalistes, et félicitons-la franchement de l'acte de résolution dont elle vient de se montrer capable. Ce qu'avait projeté Vauban, ce qu'approuvait Napoléon, ce que la Restauration n'eût pas manqué de vouloir si elle avait régné plus longtemps, le trône actuel a bien fait de le proposer et les Chambres de le voter.

Il ne s'agit point de sonder, en ceci, les intentions plus ou moins pures; de discuter par quelles raisons, étroites ou louches peut-être, chacun agissait dans cette affaire; d'examiner comment a pu se former, du côté des gouvernants ou des gouvernés, l'heureuse disposition simultanée dont l'existence était nécessaire à l'adoption d'un parti si décisif et si imprévu. Le fait est là, il me suffit. J'en remercie tous les auteurs; et, puisqu'en somme leur œuvre est belle, je ne tiens pas à l'aller rabaisser, par une sévère analyse de ce qui a pu se passer dans les coulisses.

Il y a plus : l'étrangeté d'un accord si prompt, si visiblement formé en dehors des combinaisons ordinaires, doit ravir les observateurs croyants, en leur faisant toucher au doigt l'action de la Providence, reconnaissable ici à plusieurs circonstances curieuses, qu'il serait trop long d'indiquer. En général, de grands effets, produits par de petites causes; des concomitances de faits dont l'ordre naturel des choses ne devait pas amener la rencontre; des hasards, ET JUSQU'A DES FAUTES, donnant origine aux mêmes résultats que les combinaisons les plus habiles : tels sont les trois principaux signes par lesquels, ordinairement, se laisse apercevoir le doigt de Dieu, dans les événements où son intervention devient directe.

J'ai prononcé le mot de fautes, de fautes aussi heureuses que le serait une habileté suprême. Si l'histoire doit en citer quelque jour un exemple frappant, ce sera surtout celui dont nos yeux sont à présent témoins ; car, si nous voulons y bien réfléchir, nous verrons que l'avantage immense de pouvoir présenter à l'ennemi, dans les futurs combats, une tête invulnérable et casquée.., la France en aura été redevable, humainement parlant, à l'existence, non pas des bons côtés, mais des côtés faibles, de ses trois derniers ministères. Le cabinet Molé, par sa trop grande confiance dans la diplomatie; le cabinet Thiers, par son allure belliqueuse et quelque peu propagandiste ; le cabinet Guizot, enfin, par son recul devant les quatre puissances , — auront contribué à nous doter d'une admirable garantie, dont on comprendra plus tard la valeur. Sans l'imprévoyance du premier, nous n'eussions pas été si complétement enlacés dans les filets de la Sainte-Alliance, ni par conséquent si fort tentés de les rompre. Sans la témérité du second et les idées semi-révolutionnaires qui s'attachaient à ses antécédents, notre essai pour nous débarrasser du joug des protecteurs du Grand-Turc n'eût pas amené le danger de la guerre universelle, et ne nous eût pas conduits, par la vue de notre isolement, à la pensée de fortifier Paris. Sans l'humble attitude du troisième, les hostilités auraient commencé; et, dans une lutte si grave, le temps et l'argent nous eussent manqué pour la réalisation du projet, devenu alors aussi impossible que nécessaire.

Ainsi, tout a concouru au but. La duperie avait

produit la colère, et la colère le danger. Le danger, ramenant la prudence, l'a remise en crédit sous ses deux formes: résignation quant au présent, précaution quant à l'avenir; — et une pensée conçue pour la guerre, c'est la paix qui l'accomplira. — Dieu est grand et bon envers nous; rendons-lui grâces hautement, car il a des vues sur la France.

———

Oui, chrétiens, il en a d'immenses, comme ses dons et ses miséricordes; et l'organe de l'intelligence nouvelle, l'éloquent ami de la jeunesse, le représentant de l'avenir, — le père Lacordaire, en froc, dans la vieille basilique de Lutèce, — ne disait pas encore assez, naguère, du haut de la chaire métropolitaine, à ses neuf mille auditeurs électrisés, ce que les temps qui s'approchent nous réservent de combats et de victoires, de travaux et de succès glorieux.

Aux sages du monde de s'effrayer du sommeil de notre patrie; à eux de le prendre pour un indice de décadence et de mort prochaine. Nous savons, nous, qu'il n'en est point ainsi. Dieu ne tue pas les nations avant qu'elles n'aient rempli leur rôle.

Doué d'une force de prosélytisme incomparable, le peuple français, tant qu'il a eu des convictions, a puissamment, énergiquement agi : — mille ans au moins pour la Vérité; ensuite, et trop longtemps, pour l'Erreur. — Maintenant, à peine dégagé des embrassements de celle-ci, qui le retient par sa robe comme la femme de Putiphar, il se retourne bien vers celle-là, mais avec un reste d'incertitude. Dans le tiraillement qu'elle éprouve entre des vœux opposés, la France n'a point encore de profession de foi. Dépourvue de doctrines fixes, comment aurait-elle une action !

Mais attendez qu'elle s'en refasse, des principes de conduite. Ne les voyez-vous pas déjà poindre, et ne commencez-vous pas à sentir de quel côté le vent souffle pour elle?

Ceux dont l'œil est inattentif peuvent conserver des doutes sur sa tendance, parce que les mouvements d'un grand corps sont lents et quelquefois contradictoires; mais quiconque y regarde de près, bénit Dieu de l'issue probable de la crise dont elle souffre. Les connaisseurs ne s'arrêtent point, en ceci, à des phénomènes hideux.., symptômes trompeurs, effets qui survivent à leur cause. Que la masse paraisse (et c'est trop certain) s'enfoncer de plus en plus dans le mal: ils observent la tête, — la tête, — qui se relève et vise au bien.

Tandis que nos petites villes, avec les faubourgs de nos grandes, conservent la corruption ; tandis que nos campagnes l'acquièrent (car les turpitudes de la Régence achèveront leur cercle infâme, et la coupe d'iniquité descendra jusqu'au banquet des dernières classes) : voyez l'expression culminante du pays,

Paris, — le Paris du savoir et de la pensée, — restituer par degrés au Christianisme, d'abord de l'estime,
puis des égards et du respect, puis de l'admiration,
puis de l'étude, puis des essais d'adhésion; puis enfin
(par une avant-garde qui précède le corps d'armée),
soumission positive, croyance, obéissance, observance.

La troupe n'en est pas nombreuse, de ces nouveaux catholiques; mais quels sont-ils? Les hommes
les plus indépendants, les plus sensés, les plus instruits, les plus honorables de leur époque. Qui donc
fournit tant de convertis à l'archiconfrérie des Petits-
Pères, sinon surtout les rangs éclairés de la société!
Qui sont donc les douze cents jeunes gens qui, sous
la bannière de saint Vincent de Paul et sous les auspices de la prière, consacrent la moitié des heures
de leur divertissement, chaque semaine, à porter aux
indigents, dans tous les galetas de Paris, des aumônes,
des consolations et des livres pieux? Qui sont-ils, dis-
je, sinon des enfants de famille! sinon la fleur de l'école de droit, de l'école de médecine, de l'école polytechnique et de l'école normale !

Il y a cent ans, notre nation, comme une larve dégoûtante, se traînait sur des immondices; et ses
grands, ses nobles, ses philosophes, ses poëtes, abrutis par une obscène et railleuse incrédulité, n'avaient
pas une aspiration, pas un regard, pour l'éternel
royaume des saints. Déjà moins éprise des choses
d'en bas, son élite s'en est détachée. Cent ans encore,

elle aura pris des ailes..., et, nourrie du miel des calices odorants, elle se balancera, régénérée, entre la terre et le ciel.

Vous vous effrayez de la langueur et de l'indécision de la France. Mais, après tout, cette torpeur, de bon augure, annonce qu'elle va cesser de ramper. L'ignoble chenille du dix-huitième siècle se prépare à devenir l'éclatant papillon du vingtième. Laissez donc, laissez la chrysalide s'envelopper de sa rude écorce, pour y passer dans un repos apparent, dans un travail intérieur, le temps de la transformation. Cette écorce que vous méprisez, abritera les germes de la vie, et protègera, chez l'être futur, jusqu'à ce que l'heure de son vol soit venue, la gaze naissante de ses rames aëriennes,—réseau d'azur, de pourpre et d'or.

Elle ne saurait être trop épaisse, la carapace de notre grande ville, pour résister aux chocs énormes que celle-ci peut avoir à subir. Ces chocs seront tardifs, peut-être, mais violents, on doit le craindre; et, à rendre Paris imprenable, il y va d'un intérêt non pas seulement national, mais universel; de l'intérêt (faut-il le dire?) de la civilisation et de la foi.

Je vois, à ce mot, l'étonnement se peindre sur bien des visages. Tous les politiques à vue courte vont s'écrier : « Comment cela ? »

Ah ! c'est qu'à travers ses passions, ses folies dont

il faut convenir, la France, toujours généreuse, vaut mieux que sa réputation. Malgré nos erreurs subsistantes, nous avons fait justice d'une foule de préjugés, irréligieux, restés très-vivaces ailleurs. Désabusés au moins du jansénisme et de l'ultra-gallicanisme, nous sommes, au fond, plus catholiques que nous ne croyons l'être. Le Saint-Siége, qui s'y connaît, continue de voir, dans les descendants des vainqueurs de Tolbiac et de Poitiers, les fils aînés de l'Eglise de Dieu; et des personnes dont le témoignage est grave rapportent avoir entendu, de la bouche même du souverain Pontife régnant, que, tout compensé, la France est encore aujourd'hui, des divers pays de l'Europe, celui qui donne le moins d'afflictions et d'angoisses à la légitime épouse de Jésus-Christ. Or, dans son équité bienveillante à notre égard, le Seigneur, nous proposant, comme épreuve et comme récompense, un sujet de mérite à gagner, a fait en sorte de nous donner, pour rivaux jaloux, les adversaires tout ensemble du Progrès et de la Papauté. A une époque où tous les opprimés sont catholiques, où tous les oppresseurs sont plus ou moins hétérodoxes, ce n'est pas sans dessein que la Providence tourne vers nous l'affection des peuples malheureux, et nous constitue leurs défenseurs moraux. Si, par la suite, on osait nous demander compte de notre blâme et de leurs sympathies, la coalition que nous aurions à regarder en face se trouverait être précisément la ligue anti-romaine; et, rentrés ainsi sans l'avoir cherché, dans leur vocation primitive, les fils des Francs et des Gaulois redeviendraient les champions avoués de tout ce qui est juste et vrai. Le glaive de Clovis, de Martel, de Charlemagne, de saint Louis, de D'Aubusson, de l'Isle-Adam, de La Valette, aurait à la fin reconquis sa laborieuse et magnifique destinée.

A quelque maladresse que puisse être dû l'état présent de nos affaires, il importe peu de la rechercher, et moins encore sied-il d'injurier à cet égard personne; car l'isolement où nous sommes tombés est une faveur de la Providence, qui nous préserve d'alliances empoisonnées. En dépit des replâtrages diplomatiques que l'on attend, cet isolement, dans le fond, durera. Il durera, parce que nous en avons besoin afin de demeurer *nous-mêmes*; afin d'échapper à l'ascendant, faussement amical, du Grécisme, du Protestantisme, de l'Anglicanisme et du Joséphisme…, qui siégent sur les quatre trônes malveillants pour Rome et pour nous.

Placée la première sur la brèche partout où l'on attaquait la Chrétienté, — et notamment en Orient (où grâce à elle, le nom de Franc est devenu le titre général dont s'honorent les Européens), — la France y fortifia Rhodes et Malte; elle y versa le plus pur de son sang, pour repousser l'influence fataliste et charnelle du livre de Mahomet. Maintenant, que le lien musulman se dissout, et que la procession du Saint-

Sacrement passe tranquille et respectée dans les rues de Constantinople, le rocher maltais n'aurait plus d'importance entre les mains d'une milice catholique; et la cité Valette a succombé lorsqu'elle allait ne plus servir à rien. Désormais, il faut à la Religion et à la Liberté un autre abri, contre leurs ennemis armés. — Or, si l'Islamisme se meurt, le Schisme et l'Hérésie sont debout; le Schisme principalement, avec sa tendance despotique envahissante, infatigable. Ce que furent les califes, et après eux les sultans de Stamboul, les czars le sont aujourd'hui : les czars, qui réalisent, au degré culminant, cette double domination sur les corps et les âmes, idéal du parfait absolutisme ; cette semi-divinité, plus ou moins réclamée par tous les monarques non catholiques, et si vivement ambitionnée par les empereurs allemands du moyen âge. Le péril a cessé au Levant, il est au Nord ; de ce côté-là doit être porté dorénavant le point de défense. Oui, c'est en face du Nord que les besoins actuels réclamaient l'érection d'une barrière imposante, boulevard de la civilisation. Voici justement que Dieu lui-même nous en désigne la place ; et la Rhodes, la Malte moderne, la citadelle de l'avenir.., sera Paris.

Résumons-nous.

Sous le rapport vulgaire et terrestre, c'est déjà un événement hors de ligne que le dernier vote des deux Chambres. Pour la France, n'en doutons pas, une bonne enceinte et des forts réguliers, qui couvriront sa capitale, sont une fortune égale, ou supérieure, à ce que lui vaudraient quinze départements de plus et la reprise de la ligne du Rhin. Les murailles de Constantinople, on a eu raison de le dire en histoire, ont prolongé de près de huit cents ans l'existence du Bas-Empire (1) : celles de Paris feront respecter la vieillesse de notre patrie et la sauveront du joug étranger, pendant les siècles plus ou moins longs que le Ciel lui réserve encore.

Sous un rapport plus élevé, la chose n'est pas moins heureuse, moins consolante et remarquable, comme indice providentiel. Dieu n'avait pas, en effet, POUR RIEN, fait si brillamment refleurir au milieu de notre Babylone, au centre même des cupidités et des débauches (2), le culte de sa sainte Mère. Tant de pieux succès, inattendus là, devaient y faire présager une autre grâce, que voici, la grâce de conservation et de durée.

Il ne sera donc point brisé, ce réceptacle confus de toutes les doctrines, vaste et féconde matrice où s'élaborent à la fois le mal et le bien, mais où le bien commence à prévaloir; ce Paris, où, depuis dix ans, les aumônes ont presque doublé; où l'amour de Jésus

____

(1) Sans la force de ces remparts, la catastrophe finale de 1453 fût inévitablement arrivée de 672 à 680.

(2) La paroisse des Petits-Pères, noyau de l'Archiconfrérie, et, depuis trois ans, principal théâtre de la conversion des pécheurs, est située, comme on sait, entre le Palais-Royal, la Banque, la Bourse, les théâtres, les maisons de jeu et les maisons de femmes.

et du prochain pousse hardiment les catholiques, non
plus seulement à dépenser leur fortune en bonnes œu-
vres, mais « à s'y dépenser eux-mêmes (1) »; ce
Paris où plus de mille hommes de la génération
présente portent à présent sur le cœur la médaille de
Marie, et qui, rendu par eux invincible, semble
aujourd'hui cette tour de David *où pendent mille
boucliers* (2).

Non, il ne sera point brûlé, comme l'annonçaient
des prédictions sans auteur et sans caractère : rêve-
ries dont la folle assimilation aux prophéties des
Livres saints, partait d'une témérité voisine du sa-
crilége. Non, quoique rongée d'athéïsme, quoique
inondée de turpitudes, la capitale de la France
n'aura point le sort des villes d'où s'échappa le ne-
veu d'Abraham; car, si elle possède vingt fois le
nombre des habitants que renfermait Sodôme, elle a
plus de vingt fois, aussi, les *dix justes*, en faveur
desquels le feu céleste aurait jadis épargné la cité
coupable. Désormais donc, elle peut, même dans
l'ordre temporel, elle peut, dis-je, ressaisir l'espé-
rance, puisqu'elle est redevenue la ville de la charité,
puisqu'elle redevient celle de la foi. Sans doute elle
n'accomplira pas sans efforts sa longue tâche, interne
et puis externe. En l'excitant à s'épurer pour épurer
autrui, Dieu lui laissera payer cher l'insigne et péril-

---

(1) S. Paul. *Epist. II ad Corinth.*, cap. 12, vers. 5.
(2) Salom. *Cant. cantic.*, cap. 4. vers. 4.

leux honneur de rétablir par degrés sa loi ; d'y em-
ployer, avec persévérance, cette forte parole, et au
besoin, cette forte épée, dont une longue apostasie
lui a fait faire un si déplorable usage ; mais, si elle se
montre fidèle à ses grâces, ses grâces ne lui manque-
ront pas. Comme ces chevaliers d'autrefois, qui, en
partant pour le combat afin de redresser les injus-
tices, n'emportaient pour sécurité que deux choses,
— une armure de bonne trempe et un regard de
leur pudique châtelaine, — le Paris du dix-neuvième
siècle, au moment de *reprendre la croix* et de
rompre bientôt ses vieux pactes avec les ennemis du
Seigneur, reçoit, des bontés d'en haut, deux grands
secours, qui lui suffisent : — au dehors, des remparts
et du canon; au dedans, Notre-Dame-des-Victoires.

P. G. DE DUMAST.

NANCY, IMPRIMERIE DE RAYBOIS ET Cⁱᵉ.